ARTE E HABILIDADE

ANGELA ANITA CANTELE
BRUNA RENATA CANTELE

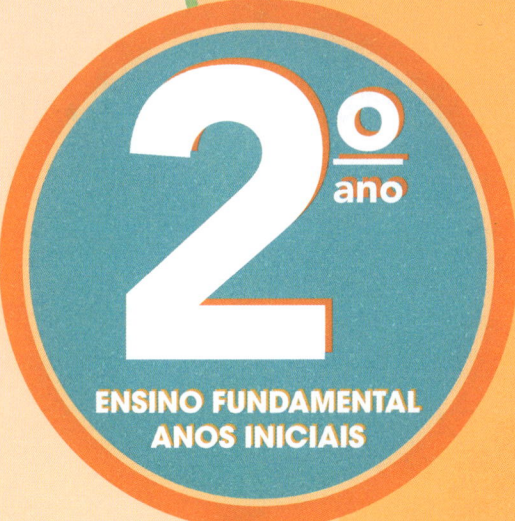

2º ano

ENSINO FUNDAMENTAL
ANOS INICIAIS

"Apaixonada por arte, aos 7 anos iniciei meus estudos e pintei minha primeira tela. Desde então, nunca mais deixei meus pincéis e minhas cores. Sempre foi por meio da arte que expressei meus sentimentos, meus sonhos e é como me realizo. Por isso optei por ser arte-educadora."

Angela Anita Cantele

"Aprendi a gostar de arte e história desde pequena. Meu pai me contava histórias e mostrava figuras de arte e dizia que toda história tem arte e toda arte tem história. Lembro-me de quando ganhei uma lousa e uma caixa de giz... Brincava de professora e queria ensinar, contar histórias e desenhar. Cresci, me formei em História da Arte e depois em História. É um caso de amor."

Bruna Renata Cantele

4ª edição
São Paulo
2023

IBEP

Angela Anita Cantele

Formada pela Faculdade de Belas Artes de São Paulo em Artes Plásticas e bacharel em Desenho.
Curso de *design* de interiores pela Escola Panamericana de Arte e *Design*. Cursos de artesanato, dobradura, pintura em tela e aquarela.
Especialização de pintura em seda pura.
Curso de História da Arte em Florença e Veneza, Itália.
Autora de livros didáticos e paradidáticos, arte-educadora.

Bruna Renata Cantele

Mestre em Educação e historiadora.
Curso de Desenho Artístico e Publicitário Dr. Paulo Silva Telles.
Curso de História da Arte em Florença e Veneza, Itália.
Orientadora educacional, consultora e assessora pedagógico-administrativa em colégios da rede particular de ensino.
Autora de livros didáticos e paradidáticos.

Coleção Arte e Habilidade
Arte – 2º ano
Ensino Fundamental
© IBEP, 2023

Diretor superintendente	Jorge Yunes
Diretora editorial	Célia de Assis
Editora	Adriane Gozzo
Assistentes editoriais	Isabella Mouzinho e Stephanie Paparella
Revisão	Yara Affonso, Erika Alonso e Denise Santos
Secretaria editorial e Produção gráfica	Elza Mizue Fujihara
Assistente de produção gráfica	Marcelo Ribeiro
Projeto gráfico e capa	Aline Benitez
Imagem da capa	*Barcos à vela na praia de Les Saintes-Maries*, de Vincent van Gogh.
Diagramação	NPublic / Formato Comunicação

4ª edição – São Paulo – SP

Impressão e Acabamento
Oceano Indústria Gráfica e Editora Ltda
Rua Osasco, 644 - Rod. Anhanguera, Km 33
CEP 07753-040 - Cajamar - SP
CNPJ: 67.795.906/0001-10

Dados Internacionais de Catalogação na Publicação (CIP) de acordo com ISBD

> C229a   Cantele, Angela Anita
>
>   Arte e Habilidade: Ensino Fundamental Anos Iniciais / Angela Anita Cantele, Bruna Renata Cantele. - 4. ed - São Paulo : IBEP - Instituto Brasileiro de Edições Pedagógicas, 2023.
>   il. ; 20,5cm x 27,5cm. - (Arte e Habilidade 2º ano)
>
>   Inclui bibliografia.
>   ISBN: 978-65-5696-464-5 (aluno)
>   ISBN: 978-65-5696-465-2 (professor)
>
>   1. Educação. 2. Ensino fundamental. 3. Livro didático. 4. Arte. 5. Habilidade. 6. Artes visuais. 7. Música. 8. Teatro. 9. Dança. I. Cantele, Bruna Renata. II. Título.
>
> 2023-1124   CDD 372.07
>   CDU 372.4

Elaborado por Vagner Rodolfo da Silva - CRB-8/9410

Índice para catálogo sistemático:
1. Educação - Ensino fundamental: Livro didático 372.07
2. Educação - Ensino fundamental: Livro didático 372.4

Todos os direitos reservados.

Rua Gomes de Carvalho, 1306 – 11º andar – Vila Olímpia
São Paulo – SP – 04547-005 – Brasil
Tel.: (11) 2799-7799
www.ibep-nacional.com.br

Sumário

FICHA

#	Tipo	Título	Pág.
1	OBSERVAÇÃO E IDENTIFICAÇÃO	Círculo cromático	9
2	OBSERVAÇÃO E PINTURA	Cores primárias em obra de arte	10
3	EXPRESSÃO FACIAL E PINTURA	Expressão facial	12
4	DESENHO, PINTURA, MONTAGEM E REPRESENTAÇÃO	Teatro com fantoche de vara	13
5	PINTURA, MONTAGEM E REPRESENTAÇÃO	Teatro com fantoche de vara	14
6	OBSERVAÇÃO E IDENTIFICAÇÃO	Desenhos figurativos e abstratos	15
7	DESENHO E PINTURA	Fazendo arte: desenho figurativo	17
8	PINTURA	Fazendo arte: desenho abstrato	18
9	PINTURA E MONTAGEM	Gustavo Rosa: pintura e montagem com efeito 3D – parte 1	19
10	PINTURA E MONTAGEM	Gustavo Rosa: pintura e montagem com efeito 3D – parte 2	20
11	OBSERVAÇÃO	Arte e cultura africanas	21
12	PINTURA E COLAGEM	Máscara africana	22
13	OBSERVAÇÃO	Dança como forma de expressão	24
14	EXPRESSÃO CORPORAL, DESENHO E PINTURA	Chacoalhando o corpo	25
15	PINTURA	Técnica de pintura: frotagem	26
16	OBSERVAÇÃO, DESENHO E PINTURA	Cores secundárias em obra de arte	27
17	IDENTIFICAÇÃO E COLAGEM	Trabalhando com a linha reta	28
18	IDENTIFICAÇÃO E DECALQUE	Trabalhando com a linha curva	29
19	MODELAGEM	Modelando com argila	30
20	RECORTE E MONTAGEM	Reciclagem: trabalhando com sucata	31
21	EXPRESSÃO MUSICAL, RECORTE E MONTAGEM	Música: cantiga de roda	32
22	EXPRESSÃO MUSICAL E FACIAL E PINTURA	Cantiga de roda: *Boi da cara preta*	34
23	IDENTIFICAÇÃO E OBSERVAÇÃO, DESENHO E PINTURA	Música em obras de arte	35
24	IDENTIFICAÇÃO E OBSERVAÇÃO	Escultura: Tomie Ohtake	37
25	ESCULTURA COM PAPEL	Escultura com papel inspirada nas obras de Tomie Ohtake	38
26	IDENTIFICAÇÃO E OBSERVAÇÃO	Cores frias em obra de arte	40
27	PINTURA	Colorindo com cores frias	41
28	IDENTIFICAÇÃO E OBSERVAÇÃO	Cores quentes em obra de arte	42

Sumário

FICHA

29	RECORTE E COLAGEM	Recortando e colando com cores quentes 43
30	IDENTIFICAÇÃO E OBSERVAÇÃO	Cultura indígena: o tambor 45
31	EXPRESSÃO MUSICAL E CONFECÇÃO	Cultura indígena: construindo um tambor ... 46
32	PERCEPÇÃO VISUAL E EXPRESSÃO CORPORAL	Teatro, linguagem da arte 47
33	EXPRESSÃO CORPORAL, DESENHO E PINTURA	Teatro: jogos 48
34	IDENTIFICAÇÃO E OBSERVAÇÃO	A arte de Henri Matisse 49
35	RECORTE E COLAGEM	Fazendo arte com Henri Matisse 50
36	DESENHO E PINTURA	Aprendendo a desenhar animais 53
37	EXPRESSÃO CORPORAL E DESENHO	Dança: coreografia 56
38	IDENTIFICAÇÃO E OBSERVAÇÃO	Conhecendo a técnica do mosaico 57
39	RECORTE, COLAGEM E PINTURA	Mosaico de papel picado 58
40	IDENTIFICAÇÃO E OBSERVAÇÃO	Figuras geométricas em obras de arte 59
41	PINTURA	Colorindo obras de arte: figuras geométricas 60
42	DOBRADURA E COLAGEM	A técnica do origami: dobradura tulipa 61
43	DOBRADURA E COLAGEM	A técnica do origami: marcador de páginas 63
44	IDENTIFICAÇÃO; DESENHO OU COLAGEM	Patrimônio cultural e histórico: patrimônio imaterial do Brasil 64
45	PINTURA	Pintura com lápis aquarela 66
46	PINTURA E CONTORNO COM BARBANTE	Pintura contornada com barbante 67
47	ESTIMULAÇÃO AUDITIVA, IDENTIFICAÇÃO DE SONS, DESENHO E PINTURA	Música: o som das onomatopeias 68
48	PINTURA COM CARIMBO DE ROLHA	Pintura com carimbo de rolha 70
49	DESENHO E PINTURA	Desenho livre 71
50	PINTURA EM TELA	Pintura em tela 72

DATAS COMEMORATIVAS

Carnaval 83
Páscoa 84
Dia dos Povos Indígenas 85
Dia das Mães 87
Festas Juninas 88
Dia dos Pais 89
Folclore 90
Primavera 91
Dia das Crianças 92
Natal 94
Adesivos 95

Olá!

Você está iniciando, neste ano, seus estudos em Arte.

Vai aprender as primeiras noções corporais, as cores, a música, a textura, as formas geométricas e conhecer obras de arte de artistas renomados.

Preparamos este livro para você com muito carinho, pensamos nos seus conhecimentos escolares e nas experiências artísticas que você vai vivenciar a partir de agora com Arte e Habilidade.

Desejamos a você um ano feliz fazendo arte!

Com carinho,

Angela e Bruna

Uso do material

Para desenhar ou fazer arte, utilizamos papéis diversos, lápis grafite, lápis de cor e aquarelável, borracha, régua, apontador, tesoura e cola, giz de cera, pincel, tintas guache, plástica e acrílica, cola *glitter*, argila, caneta hidrocor e vários outros materiais.

Cuide bem de seu material, mantendo-o limpo e organizado.

Troque ideias com os colegas e observe com atenção o trabalho deles – você estará desenvolvendo seu lado artístico!

Materiais

 **Massa de modelar**
argila, cerâmica fria etc.

 **Linha**
barbante, lã etc.

 **Borracha**

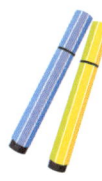 **Caneta hidrocor**

 **Copo com água**

 **Cola em bastão**

 **Cola** *glitter*

 **Cola líquida**

 **Fita adesiva**

 **Giz de cera**

 **Lápis de cor**

 **Lápis de cor aquarelável**

 **Lápis grafite**

 **Materiais diversos**

 **Pano**
tecidos diversos, estopa etc.

 **Papéis**
crepom, Canson, revistas, jornais etc.

 **Pincel**

 **Régua**

 **Tesoura**
com pontas arredondadas

 **Tintas**
guache, acrílica, para pintura a dedo etc.

Arte e habilidade

Arte é mais do que desenhar e pintar.
A escultura, a música, o teatro e a arquitetura também são formas de arte.

FICHA 1 — Círculo cromático

OBSERVAÇÃO E IDENTIFICAÇÃO

O círculo cromático é um instrumento utilizado para conhecer as cores e fazer combinações com elas.
Artistas, ilustradores, publicitários, entre outros profissionais que usam cores em seus trabalhos fazem uso do círculo cromático para ter um bom resultado no momento de combinar as cores.
O círculo a seguir apresenta as cores primárias e secundárias. Existem círculos com mais cores.
As cores primárias são azul, vermelho e amarelo.
As cores secundárias são verde, laranja e roxo.

 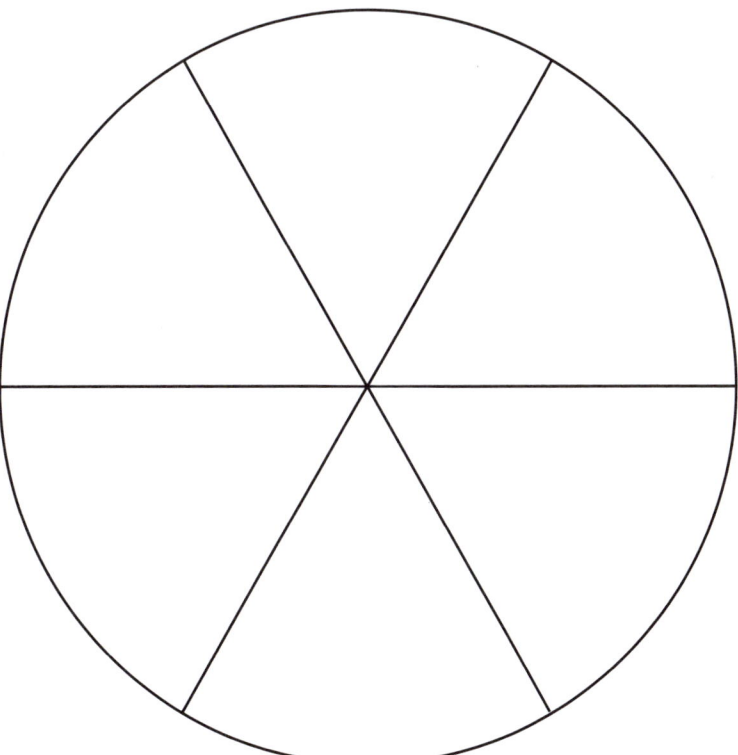

FICHA 2 — PARTE 1

Cores primárias em obra de arte

OBSERVAÇÃO E PINTURA

As cores primárias são azul, vermelho e amarelo.

Observe esta obra de Vincent van Gogh e pinte o esboço dela, na página a seguir, com as mesmas cores utilizadas na tela original.

MUSEU HERMITAGE, AMSTERDÃ

Barcos à vela na praia de Les Saintes-Maries (1888), de Vincent van Gogh. Aquarela sobre papel, 40,4 cm × 55,5 cm.

FICHA 2 — PARTE 2

Cores primárias em obra de arte

OBSERVAÇÃO E PINTURA

FICHA 3 — **Expressão facial**

EXPRESSÃO FACIAL E PINTURA

Raiva — Nojo
Alegria — Tristeza
Medo — Surpresa

Expressão facial

FICHA 4 — Teatro com fantoche de vara

DESENHO, PINTURA, MONTAGEM E REPRESENTAÇÃO

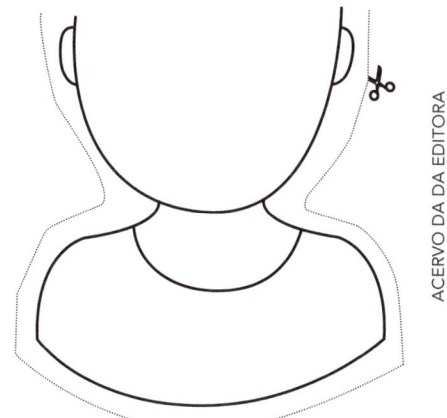

FICHA 5 — Teatro com fantoche de vara

PINTURA, MONTAGEM E REPRESENTAÇÃO

Realize a atividade na ficha correspondente, no **Material complementar**. Observe o passo a passo a seguir.

ACERVO DAS AUTORAS

NOME: _____

FICHA 6 — PARTE 1

Desenhos figurativos e abstratos

OBSERVAÇÃO E IDENTIFICAÇÃO

Os **desenhos figurativos** mostram figuras que podemos identificar, como nesta obra de Claude Monet.

O almoço (1873), de Claude Monet. Óleo sobre tela, 160 cm × 201 cm.

MUSEU D'ORSAY, PARIS

Claude Monet (1840-1926)

Foi um pintor francês considerado um dos mais importantes artistas do Movimento Impressionista. O termo Impressionista surgiu durante uma exposição realizada em 1874, quando o quadro de Monet, *Impressão, nascer do sol*, foi criticado por retratar a "impressão" de uma cena, não a realidade.

Desenhos figurativos e abstratos

FICHA 6 — PARTE 2

OBSERVAÇÃO E IDENTIFICAÇÃO

Os **desenhos abstratos** mostram linhas, cores e formas, mas não identificamos figuras.

Jackson Pollock (1912-1956)

Foi um grande pintor da arte abstrata. Desenvolveu uma técnica de pintura conhecida como gotejamento, na qual respingava a tinta sobre suas imensas telas: os pingos escorriam formando traços harmoniosos e pareciam entrelaçar-se na superfície da tela.

Número 3 (1948), de Jackson Pollock. Tinta esmalte e tinta a óleo sobre tela, 77,2 cm × 57,2 cm.

Fazendo arte: desenho figurativo

DESENHO E PINTURA

FICHA 7

- Montanha
- Árvore
- Sol
- Nuvem
- Casa

FICHA 8 — Fazendo arte: desenho abstrato

PINTURA

Realize a atividade na ficha correspondente, no **Material complementar**. Observe os modelos a seguir.

ACERVO DAS AUTORAS

FICHA 9

Gustavo Rosa: pintura e montagem com efeito 3D – parte 1

PINTURA E MONTAGEM

GUSTAVO ROSA

Gustavo Rosa: pintura e montagem com efeito 3D – parte 1

19

FICHA 10

Gustavo Rosa: pintura e montagem com efeito 3D – parte 2

PINTURA E MONTAGEM

Realize a atividade na ficha correspondente, no **Material complementar**. Observe o passo a passo a seguir.

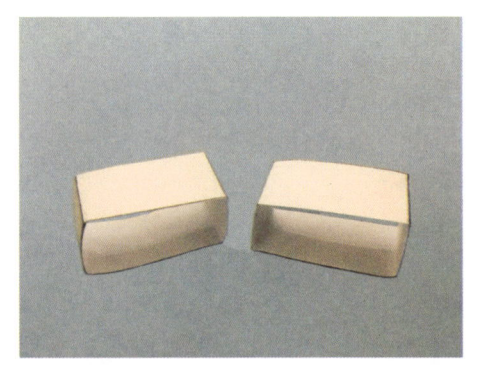

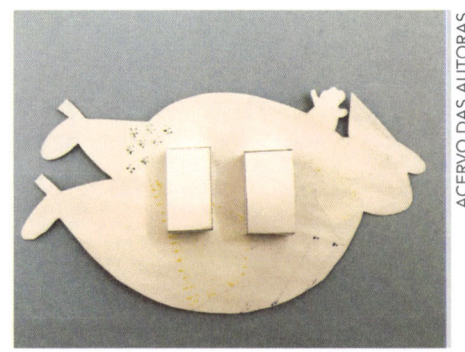

Gustavo Rosa: pintura e montagem com efeito 3D – parte 2

FICHA 11

Arte e cultura africanas

OBSERVAÇÃO

Muitas vezes, as máscaras africanas são vistas como peças exóticas, exibidas em museus ou adquiridas por colecionadores; porém, para o povo africano, elas têm significado muito maior.

As máscaras africanas são feitas para ser usadas em festividades como nascimentos, colheitas, funerais, casamentos, cura de enfermidades, entre outras situações, e ainda hoje são utilizadas.

Observe as formas e as cores de algumas máscaras africanas.

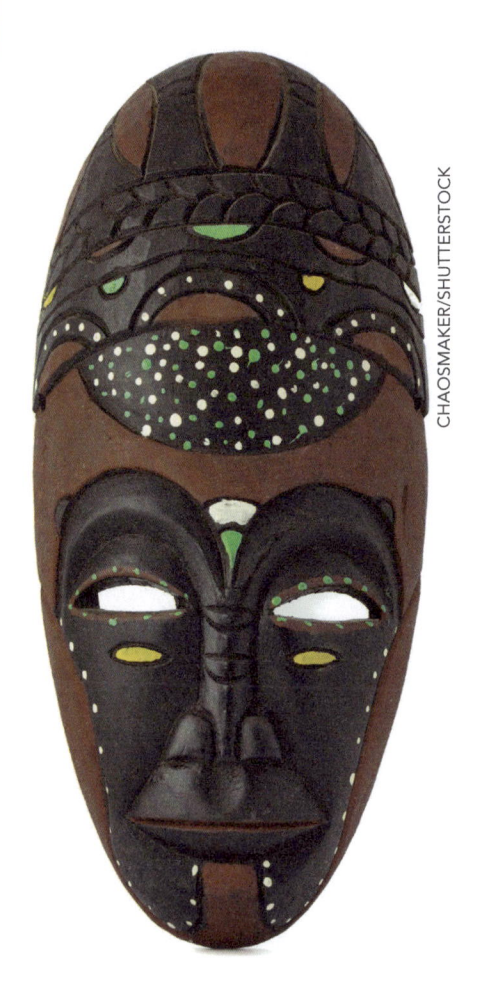

CHAOSMAKER/SHUTTERSTOCK

CREATIVE-TOUCH/SHUTTERSTOCK

UNDERWORLD/SHUTTERSTOCK

ALENKADR/SHUTTERSTOCK

Arte e cultura africanas

FICHA 12 — PARTE 1

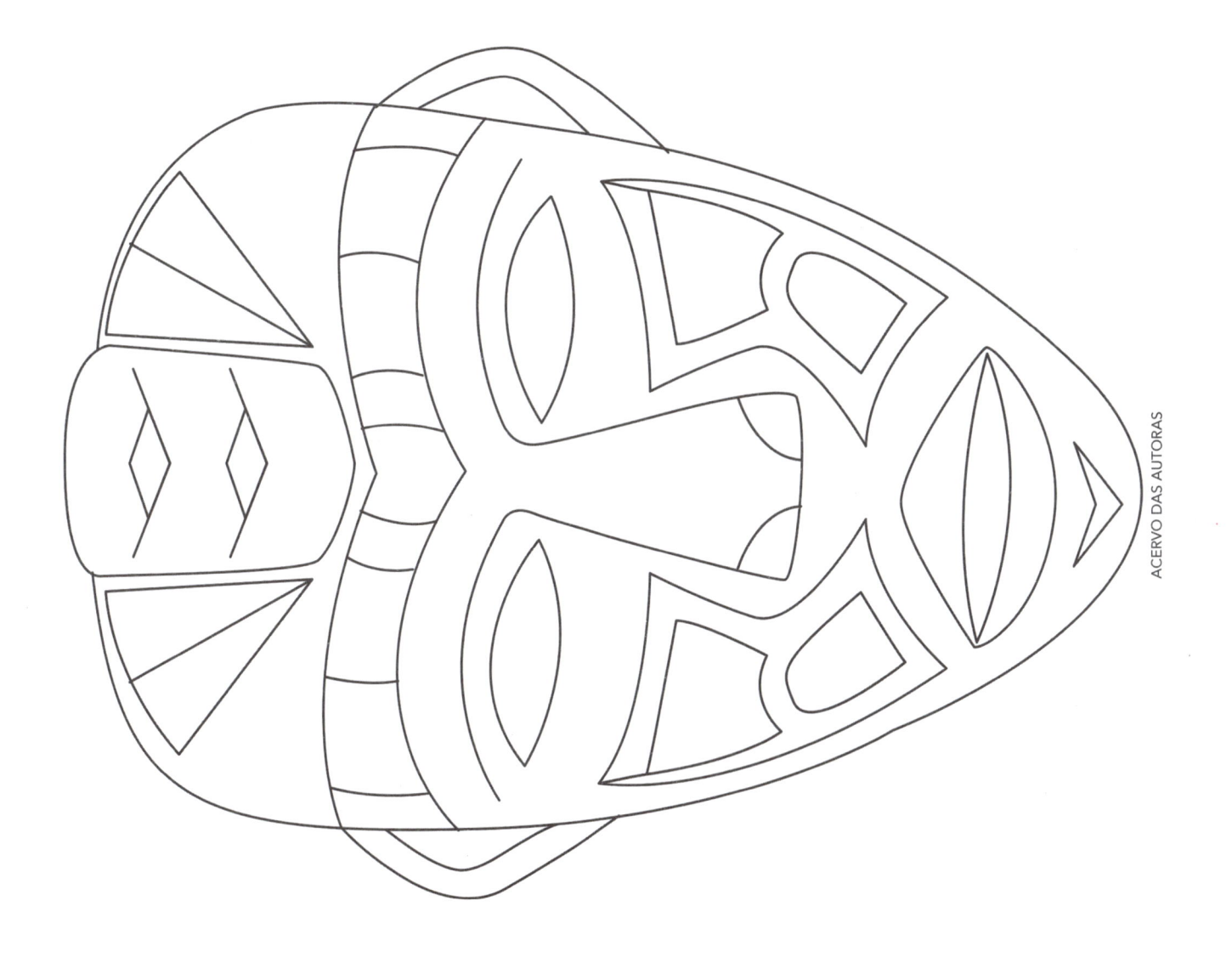

Máscara africana

PINTURA

ACERVO DAS AUTORAS

Máscara africana

Máscara africana

FICHA 12 PARTE 2

COLAGEM

Máscara africana

FICHA 13 — Dança como forma de expressão

OBSERVAÇÃO

Você gosta de dançar? Que tipo de dança você acha que estas pessoas estão dançando? Observe o movimento do corpo delas. Gostaria de fazer igual?

ARTEM BRUK/SHUTTERSTOCK

ARTUR DIDYK/SHUTTERSTOCK

CELSO PUPO/SHUTTERSTOCK

FICHA 14

Chacoalhando o corpo

EXPRESSÃO CORPORAL, DESENHO E PINTURA

FICHA 15

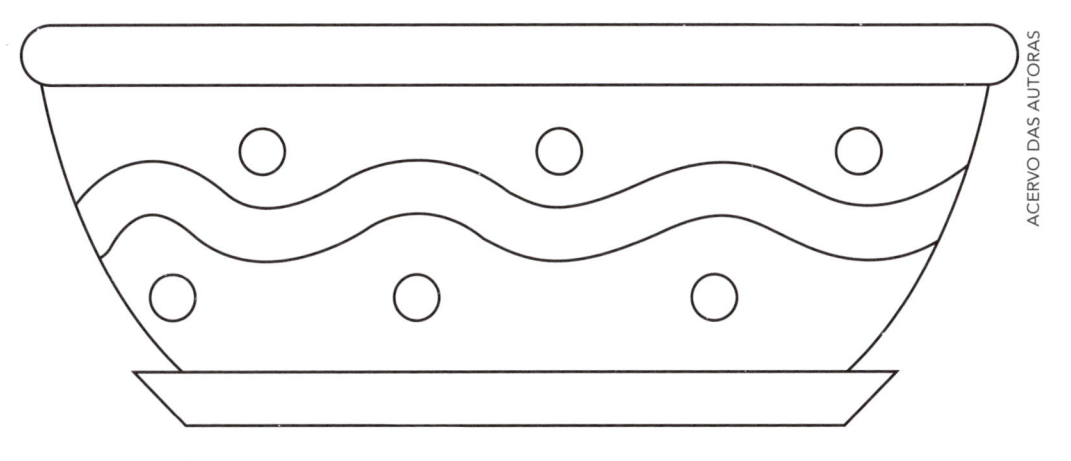

Técnica de pintura: frotagem

PINTURA

ACERVO DAS AUTORAS

NOME: _____

26

Técnica de pintura: frotagem

FICHA 16

Cores secundárias em obra de arte

OBSERVAÇÃO, DESENHO E PINTURA

Se misturarmos duas cores primárias, teremos uma nova cor, chamada **cor secundária**.
As cores secundárias são verde, roxo e laranja.
Observe-as na obra de Van Gogh.

Três chalés brancos em Saintes-Maries (1888), de Vincent van Gogh.
Óleo sobre tela, 33,5 cm × 41,5 cm.

MUSEU DE BELAS ARTES

Amarelo + Vermelho = Laranja

Amarelo + Azul = Verde

Vermelho + Azul = Roxo

Vincent van Gogh (1853-1890)

O pintor holandês criou um estilo próprio de pincelada, o que fez com que suas pinturas tivessem efeito diferente. Pintou muitos quadros, mas durante a vida vendeu apenas um. Contudo, depois de sua morte, suas obras ganharam reconhecimento mundial.

FICHA 17 — Trabalhando com a linha reta

IDENTIFICAÇÃO E COLAGEM

Realize a atividade na ficha correspondente, no **Material complementar**. Observe os modelos a seguir.

FICHA 18

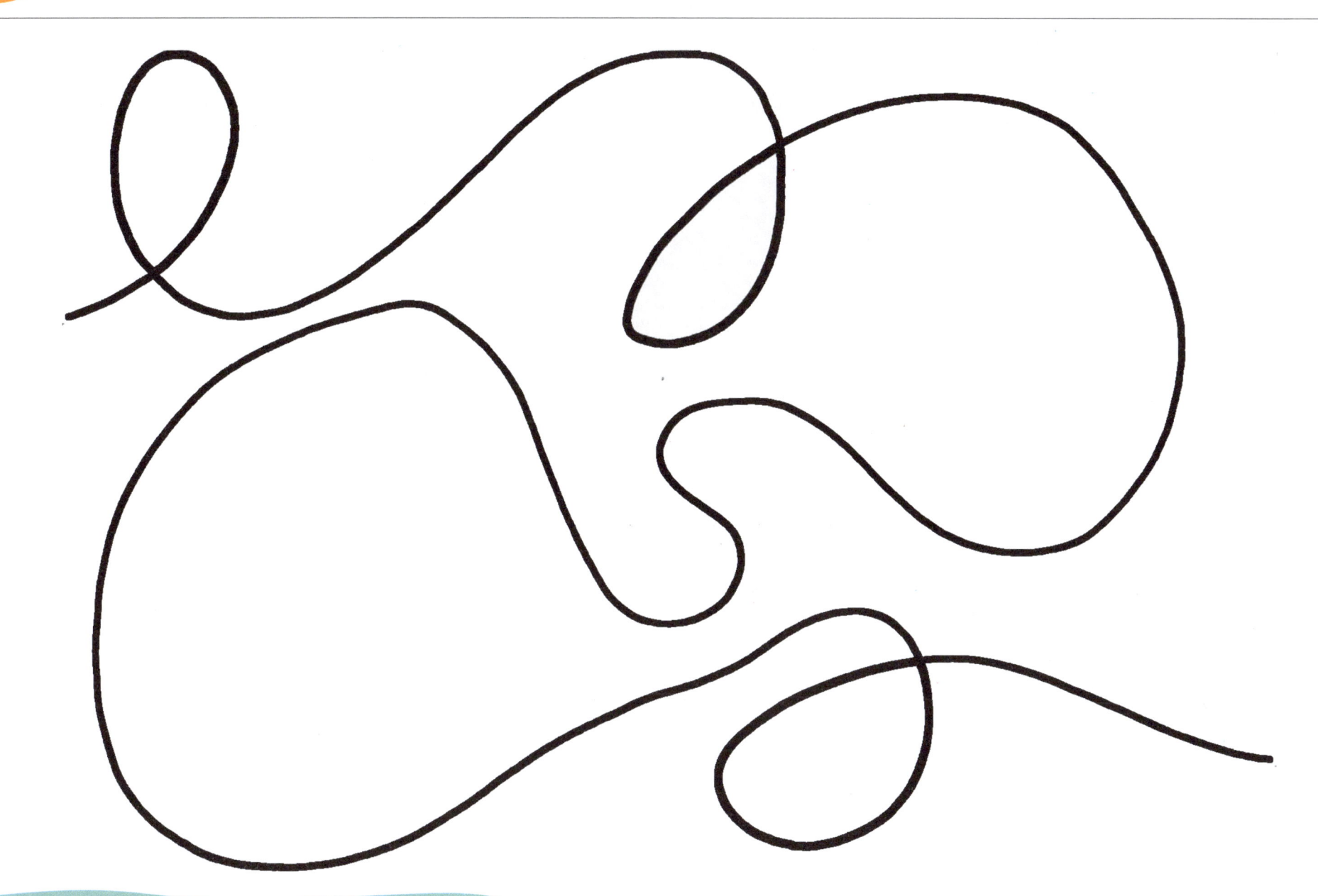

Trabalhando com a linha curva

IDENTIFICAÇÃO E DECALQUE

FICHA 19 — Modelando com argila

MODELAGEM

A argila é um material encontrado facilmente na natureza.
Há muito tempo, quando ainda nem existia a escrita, o ser humano já modelava objetos de barro para uso pessoal, como potes e panelas.
Atualmente, a argila é usada para fazer esculturas, objetos de decoração e de utilidade doméstica.

FICHA 20

Reciclagem: trabalhando com sucata

RECORTE E MONTAGEM

Reciclagem: trabalhando com sucata

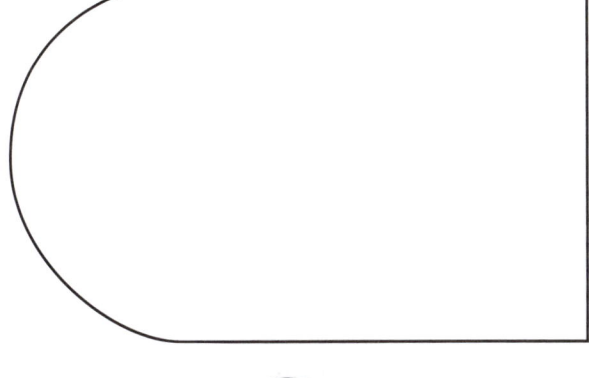

FICHA 21 – PARTE 1

Música: cantiga de roda

EXPRESSÃO MUSICAL, RECORTE E MONTAGEM

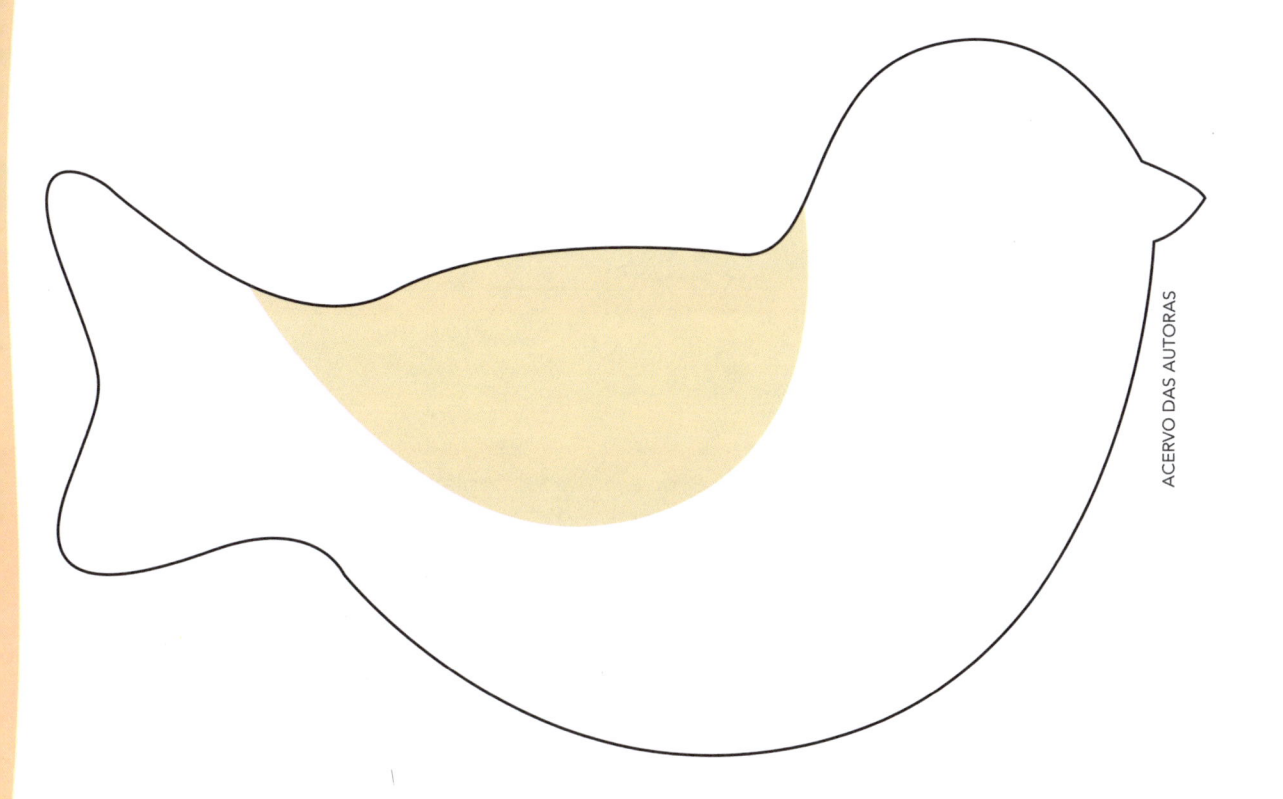

Pombinha branca

Pombinha branca, que está fazendo?
Lavando roupa pro casamento
Vou me lavar, vou me trocar
Vou na janela pra namorar

Passou um moço, de terno branco
Chapéu de lado, meu namorado
Mandei entrar, mandei sentar
Cuspiu no chão
Limpa aí, seu porcalhão!
Tenha mais educação!

Pombinha branca. Disponível em: https://www.letras.mus.br/galinha-pintadinha/1785861/. Acesso em: 14 fev. 2023

FICHA 21 PARTE 2

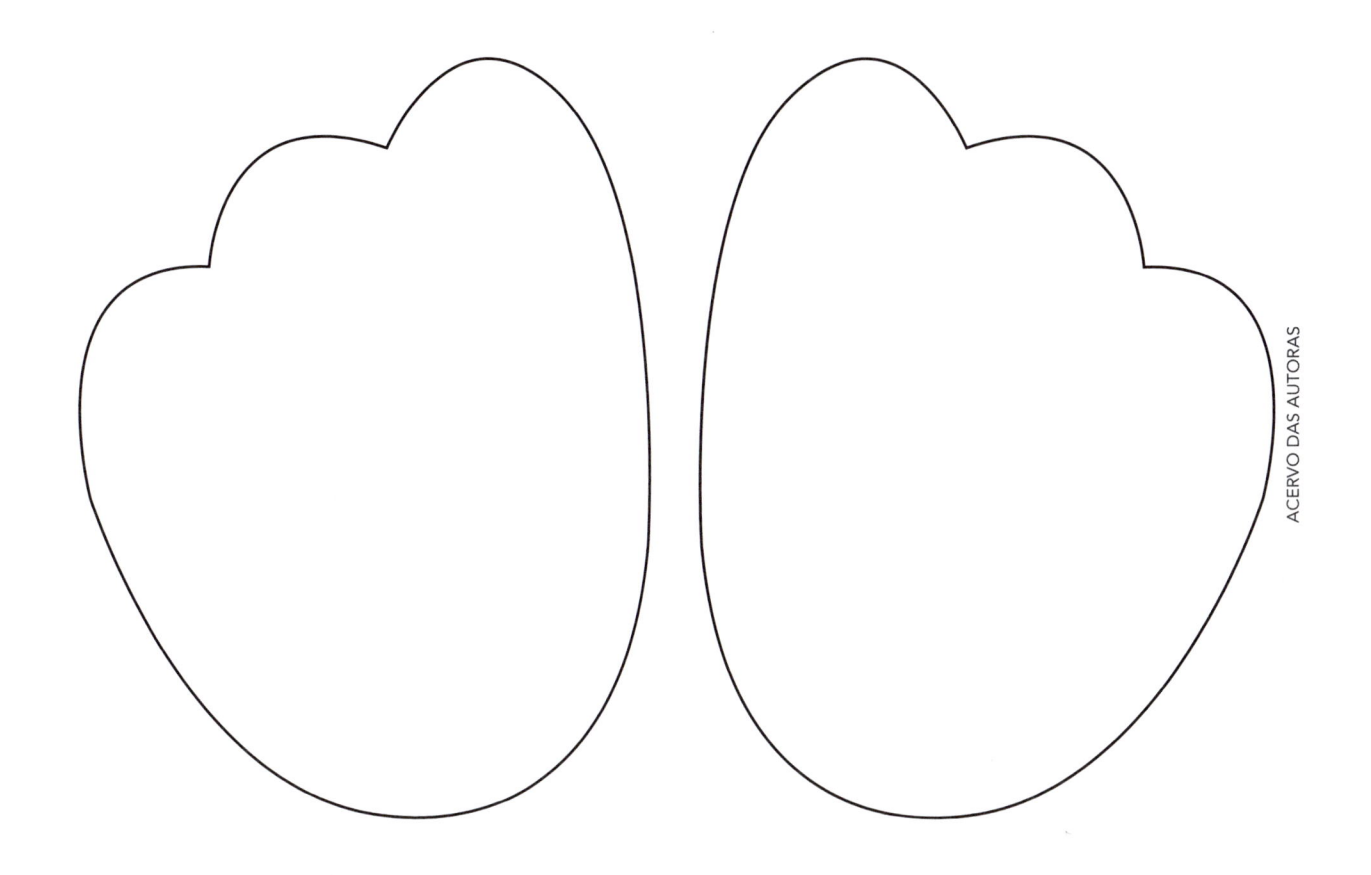

Música: cantiga de roda

EXPRESSÃO MUSICAL, RECORTE E MONTAGEM

ACERVO DAS AUTORAS

FICHA 22

Cantiga de roda: *Boi da cara preta*

EXPRESSÃO MUSICAL E FACIAL E PINTURA

Boi da cara preta

Boi, boi, boi
Boi da cara preta
Pega esta criança
Que tem medo de careta
Não, não, não
Não pega ele, não
Ele é bonitinho, ele chora, coitadinho

Boi da cara preta. Disponível em: www.youtube.com/watch?v=U78Dt7kFeeU. Acesso em: 14 fev. 2023.

JO_ANA/SHUTTERSTOCK

FICHA 23 — PARTE 1

Música em obras de arte

IDENTIFICAÇÃO E OBSERVAÇÃO, DESENHO E PINTURA

Bumba meu boi, de Aracy, artista *naïf* brasileira.

Música em obras de arte

FICHA 23 – PARTE 2

IDENTIFICAÇÃO E OBSERVAÇÃO, DESENHO E PINTURA

Escultura: Tomie Ohtake

FICHA 24 — IDENTIFICAÇÃO E OBSERVAÇÃO

Tomie Ohtake (1913-2015)

A artista Tomie Ohtake nasceu no Japão e veio para o Brasil com 23 anos, onde se casou e formou uma família.

Foi pintora, gravadora e escultora. Pintou até dias antes de morrer, aos 101 anos.

Monumento à imigração japonesa, Avenida 23 de maio, São Paulo. Inaugurado em 1988, está localizado no canteiro central.
São quatro faixas de 12 metros de concreto, em formato de ondas, que representam as gerações de japoneses que vieram para o Brasil. Em 2012, a obra adquiriu novas cores, a pedido da própria Tomie, para que a cidade ganhasse mais uma novidade.

Monumento em homenagem à imigração japonesa (2008), de 20 metros de comprimento por 15 metros de altura, confeccionado em aço vermelho, localizado no Parque Municipal Roberto Mário Santini, em Santos, no litoral de São Paulo.

Escultura localizada no Parque Industrial da Companhia Brasileira de Metalurgia e Mineração, em Araxá (MG), feita entre 1999-2000, com 23 metros de comprimento, pesando 20 toneladas.

FICHA 25 — PARTE 1

Escultura com papel inspirada nas obras de Tomie Ohtake

ESCULTURA COM PAPEL

Escultura com papel inspirada nas obras de Tomie Ohtake

Escultura com papel inspirada nas obras de Tomie Ohtake

FICHA 25 — PARTE 2

ESCULTURA COM PAPEL

FICHA 26 — Cores frias em obra de arte

IDENTIFICAÇÃO E OBSERVAÇÃO

As **cores frias** são o azul, o verde e o roxo. São conhecidas assim porque transmitem a sensação de frio e estão associadas ao gelo, à água, às matas e relacionadas aos sentimentos de melancolia, calma e serenidade.

Édouard Manet (1832-1883)

Foi um pintor francês e um dos maiores representantes do Impressionismo. Nesta obra, *A casa em Rueil*, ele usa as cores frias para representar um momento à beira de um rio na França.

A casa em Rueil (1882), de Édouard Manet. Óleo sobre tela, 92 cm × 73 cm.

FICHA 27

Colorindo com cores frias

PINTURA

FICHA 28 — Cores quentes em obra de arte

IDENTIFICAÇÃO E OBSERVAÇÃO

As **cores quentes** são o amarelo, o laranja e o vermelho. São conhecidas assim porque transmitem a sensação de calor e estão associadas ao sol, ao fogo e ao sangue, além de relacionadas aos sentimentos de alegria, disposição e energia.

Paul Klee (1879-1940)

Foi pintor e professor de arte, um dos primeiros artistas da arte moderna, considerado o pai do abstracionismo.
A obra *Senecio* representa o rosto de um arlequim, e na obra predominam o uso das cores quentes.

Senecio (1922), de Paul Klee. Óleo sobre tela, 40,5 cm × 38 cm.

MUSEU DAS BELAS ARTES, BASILEIA, SUÍÇA

Cores quentes em obra de arte

FICHA 29 — PARTE 1

Recortando e colando com cores quentes

RECORTE E COLAGEM

Recortando e colando com cores quentes

Recortando e colando com cores quentes

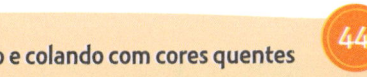

FICHA 29 — PARTE 2

RECORTE E COLAGEM

FICHA 30

Cultura indígena: o tambor

IDENTIFICAÇÃO E OBSERVAÇÃO

No Brasil, os tambores mais antigos são dos indígenas, encontrados em várias regiões do país. Esses instrumentos são construídos de forma artesanal e com materiais naturais, como madeira e pele de animais.

Tambor usado em cerimônias festivas na aldeia Mutum da etnia Yawanawá. Tarauacá, Acre. Foto de 2018.

Tambores indígenas de materiais naturais.

Indígenas da etnia Yawanawá da aldeia Mutum tocando tambores durante ritual. Tarauacá, Acre. Foto de 2018.

FICHA 31 — Cultura indígena: construindo um tambor

EXPRESSÃO MUSICAL E CONFECÇÃO

1. Veja se você tem todos os materiais necessários para construir seu tambor.
2. Separe algumas folhas de revista e, com a tesoura, pique pequenos pedaços delas. Cada pedaço de papel deve ser pincelado suavemente com cola líquida. Em seguida, cole um a um nas laterais da lata, aplicando algumas pinceladas extras de cola sobre o papel recém-colado. Não deixe pontas levantadas nos papéis colados nem bolhas de ar entre eles e a lata. Quando a lata toda estiver revestida, usando o pincel, espalhe uma última demão de cola sobre os pedações de papéis, para que fiquem bem presos. Deixe em lugar ventilado para secar.
3. Pegue o balão de borracha tamanho 9 ou 10 e corte 3 cm da ponta dele. Depois, com a lata já bem seca, estique o balão sobre a parte superior da lata e prenda com o elástico. Para dar acabamento, passe fita adesiva colorida ou de cetim sobre o elástico e a borda do balão.
4. Para fazer as baquetas, pegue, com cuidado para não se ferir, os dois palitos de churrasco e, na ponta mais afiada, faça um chumaço enrolando papel crepom ou fita-crepe. Quando estiver com tamanho suficiente, passe fita adesiva colorida para prender e decorar. Aproveite para encapar todo o palito com fita adesiva. Você pode usar cores variadas para encapar os palitos.
5. Seu tambor com as duas baquetas está pronto!

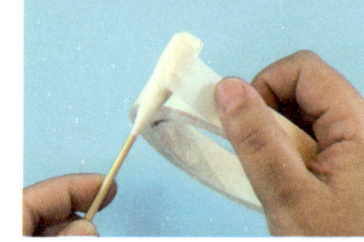

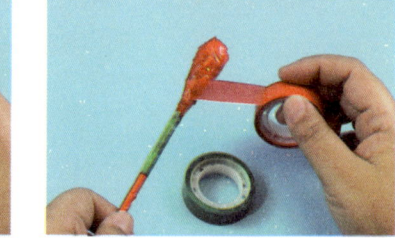

FICHA 32

Teatro, linguagem da arte

PERCEPÇÃO VISUAL E EXPRESSÃO CORPORAL

O teatro é uma das linguagens artísticas em que os atores representam uma história a uma plateia.
O cenário é o espaço onde a história acontece.

Cenário da peça de teatro infantil *Madagascar*.

Cenário da peça de teatro infantil *Pinóquio*.

Ficha 33

Teatro: jogos

EXPRESSÃO COM ORAL, DESENHO E PINTURA

FICHA 34

A ARTE DE Henri Matisse

IDENTIFICAÇÃO E OBSERVAÇÃO

Henri Matisse (1869-1954)

Foi pintor, escultor, ilustrador e gravador. Usou a técnica do recorte e da colagem em seus trabalhos e criou um estilo único de obras. Suas cores são fortes e vibrantes.

Ícaro (1943), de Henri Matisse. Guache sobre papel recortado e colado sobre papelão, 205 cm × 120 cm.

A dança (1909-1910), de Henri Matisse. Óleo sobre tela, 260 cm × 391 cm.

A arte de Henri Matisse

FAZENDO ARTE COM
Henri Matisse

FICHA 35 PARTE 1

RECORTE E COLAGEM

Fazendo arte com Henri Matisse

FICHA 35 — PARTE 2

FAZENDO ARTE COM Henri Matisse

RECORTE E COLAGEM

Fazendo arte com Henri Matisse

51

FAZENDO ARTE COM
Henri Matisse

FICHA 35 — PARTE 3

RECORTE E COLAGEM

Fazendo arte com Henri Matisse

FICHA 36 — PARTE 1

Aprendendo a desenhar animais

DESENHO E PINTURA

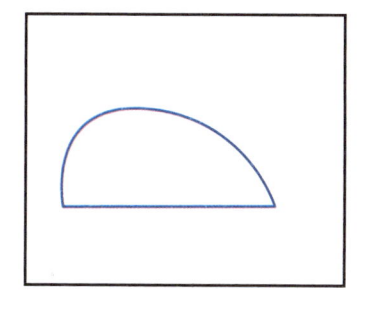

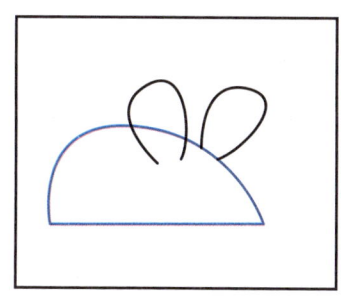

ACERVO DAS AUTORAS

Aprendendo a desenhar animais — 53

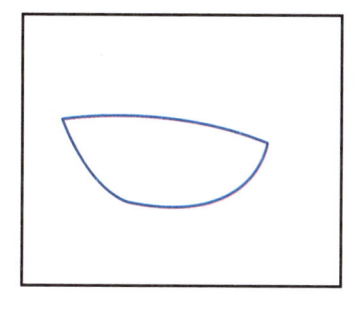

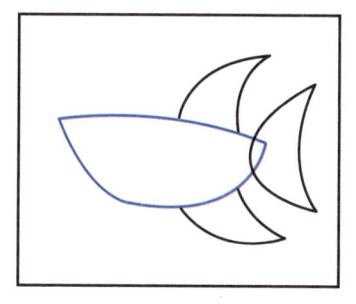

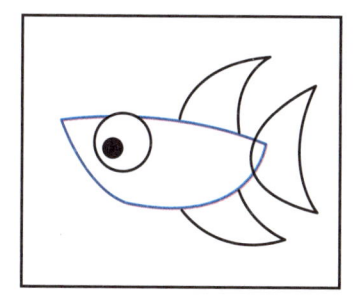

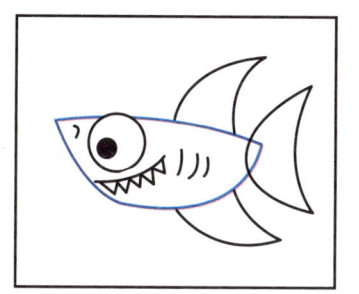

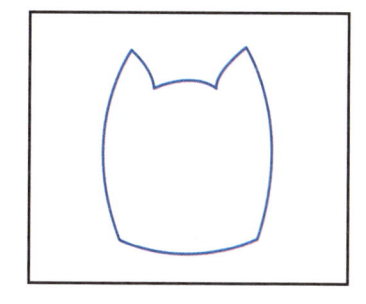

FICHA 36 PARTE 2

Aprendendo a desenhar animais

DESENHO E PINTURA

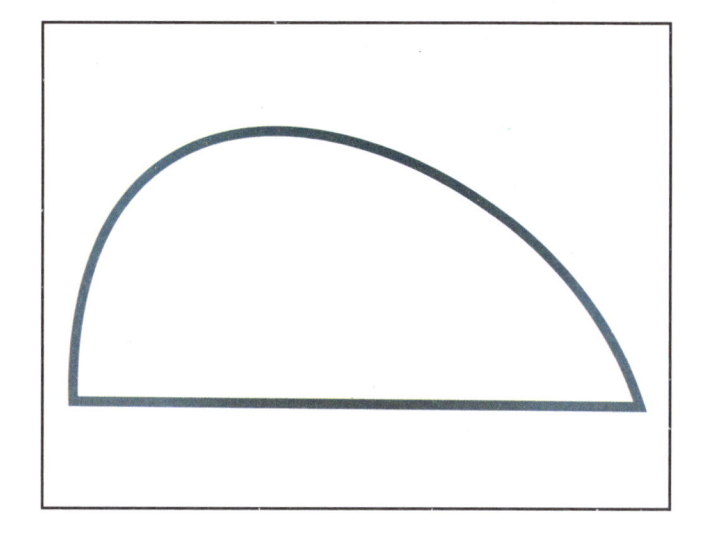

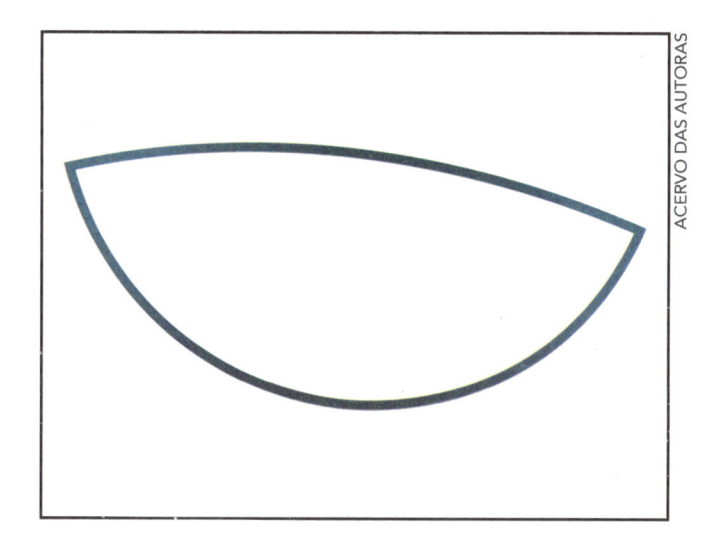

ACERVO DAS AUTORAS

Aprendendo a desenhar animais

54

Aprendendo a desenhar animais

FICHA 36 — PARTE 3

DESENHO E PINTURA

FICHA 37 — Dança: coreografia

Nome do grupo de dança:

_____

_____

_____

_____

FICHA 38

Conhecendo a técnica do mosaico

IDENTIFICAÇÃO E OBSERVAÇÃO

A arte do mosaico consiste em unir pequenas peças para obter uma imagem. Essas peças podem ser de pedra, mármore, vidro, cerâmica, entre outros materiais.

Mosaico bizantino da Basílica de São Vital. Ravena, Itália.

Mosaico feito por Antoni Gaudí, com pedaços de cerâmica quebrada. Parque Guell, Barcelona, Espanha.

Mosaico feito de pedra em calçadão do Rio de Janeiro. Rio de Janeiro, Brasil.

FICHA 39

Mosaico de papel picado

RECORTE E COLAGEM

Mosaico de papel picado

FICHA 40 — Figuras geométricas em obras de arte

IDENTIFICAÇÃO E OBSERVAÇÃO

Composição A (1923), de Piet Mondrian. Óleo sobre tela, 91 cm × 91 cm.

Alegria de viver (1930), de Robert Delaunay. Óleo sobre tela, 200 cm × 228 cm.

Figuras geométricas em obras de arte

Colorindo obras de arte: figuras geométricas

FICHA 41

PINTURA

FICHA 42 — PARTE 1

A técnica do origami: dobradura tulipa

DOBRADURA E COLAGEM

TULIPA 1   A   B   C   D

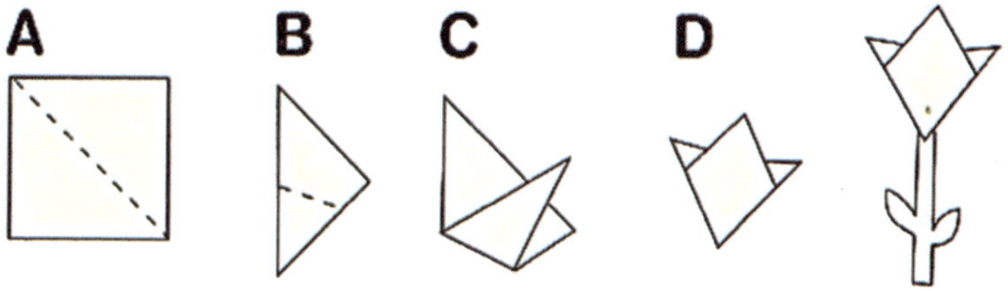

TULIPA 2   A   B   C   D

A técnica do origami: dobradura tulipa

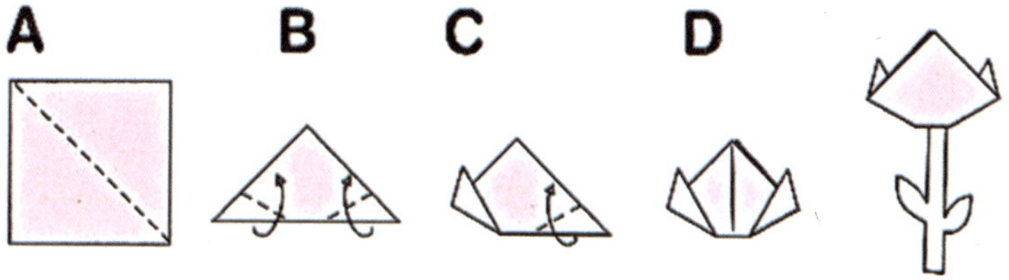

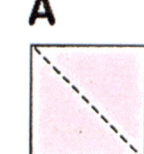

FICHA 42 PARTE 2

A técnica do origami: dobradura tulipa

DOBRADURA E COLAGEM

FICHA 43

A técnica do origami: marcador de páginas

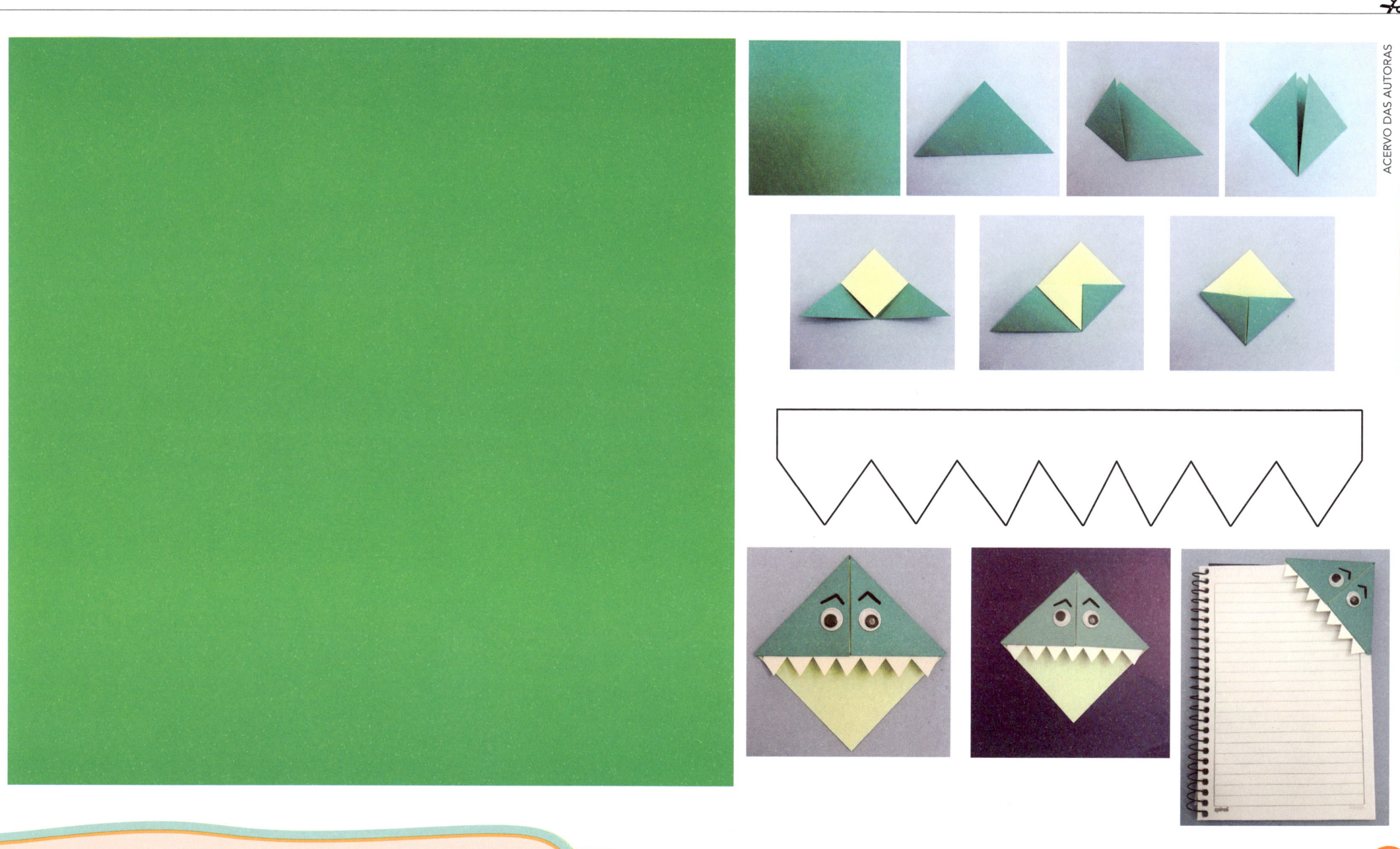

DOBRADURA E COLAGEM

ACERVO DAS AUTORAS

FICHA 44 — PARTE 1

Patrimônio cultural e histórico: patrimônio imaterial do Brasil

IDENTIFICAÇÃO, DESENHO OU COLAGEM

Pessoa com roupa típica preparando churrasco. Cambará do Sul, Rio Grande do Sul.

Crianças jogando capoeira. Nazaré das Farinhas, Bahia.

Desfile de Carnaval de Escola de Samba no Rio de Janeiro.

Festival de Parintins. Amazonas.

Bolo de rolo. Pernambuco.

Patrimônio cultural e histórico: patrimônio imaterial do Brasil

FICHA 44 - PARTE 2

IDENTIFICAÇÃO, DESENHO OU COLAGEM

Pintura com lápis aquarela

FICHA 45

PINTURA

> Realize a atividade na ficha correspondente, no **Material complementar**. Observe os modelos a seguir.

ACERVO DAS AUTORAS

Pintura com lápis aquarela

FICHA 46 — Pintura contornada com barbante

PINTURA E CONTORNO COM BARBANTE

Realize a atividade na ficha correspondente, no **Material complementar**. Observe o passo a passo a seguir.

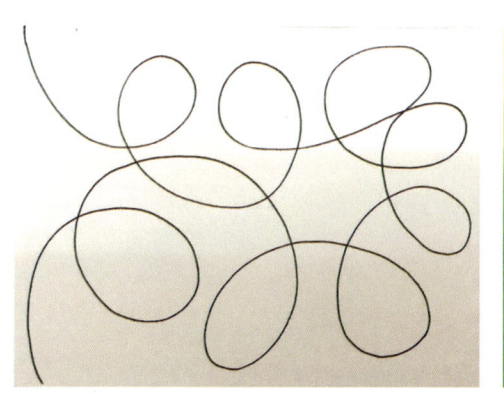

Pintura contornada com barbante

67

FICHA 47 — PARTE 1

Música: o som das onomatopeias

IDENTIFICAÇÃO DE SONS, DESENHO E PINTURA

Choro: _____

Fungada, choro contido: _____

Gargalhada: _____

Assovio: _____

Beijo: _____

Cachorro: _____

Gato: _____

Vaca, boi ou touro: _____

Galo: _____

Bezerro ou cabra: _____

Relógio: _____

Bomba: _____

Carro: _____

Trovão: _____

Água corrente, cachoeira: _____

Batida na porta ou em madeira: _____

Mergulho: _____

Velocidade: _____

FICHA 47 PARTE 2

Música: o som das onomatopeias

IDENTIFICAÇÃO DE SONS, DESENHO E PINTURA

FICHA 48

Pintura com carimbo de rolha

FICHA 49 — Desenho livre

DESENHO E PINTURA

Desenho livre

FICHA 50 — Pintura em tela

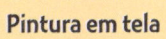

PINTURA EM TELA

ACERVO DAS AUTORAS

TANYA SVET/SHUTTERSTOCK

SKUTHERRA/SHUTTERSTOCK

Pintura em tela

72

FICHA 5

MATERIAL COMPLEMENTAR

73

FICHA 8

MATERIAL COMPLEMENTAR

FICHA 9

MATERIAL COMPLEMENTAR

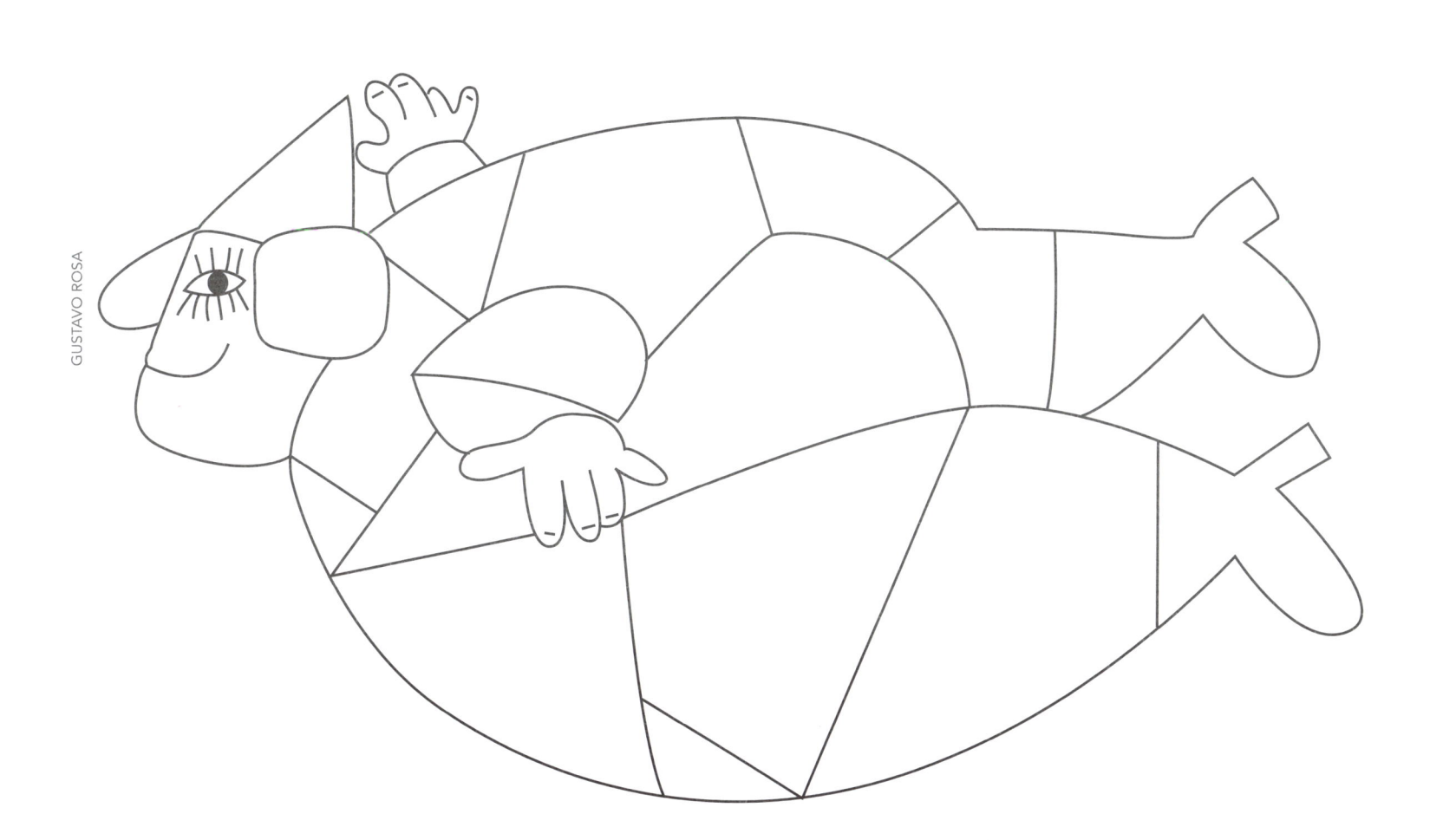

GUSTAVO ROSA

FICHA 10

MATERIAL COMPLEMENTAR

ACERVO DAS AUTORAS

MATERIAL COMPLEMENTAR

16

FICHA 17

MATERIAL COMPLEMENTAR

FICHA 22

MATERIAL COMPLEMENTAR

79

FICHA 45

MATERIAL COMPLEMENTAR

ACERVO DAS AUTORAS

MATERIAL COMPLEMENTAR

46

Datas comemorativas

Carnaval

NOME: _____

Carnaval 83

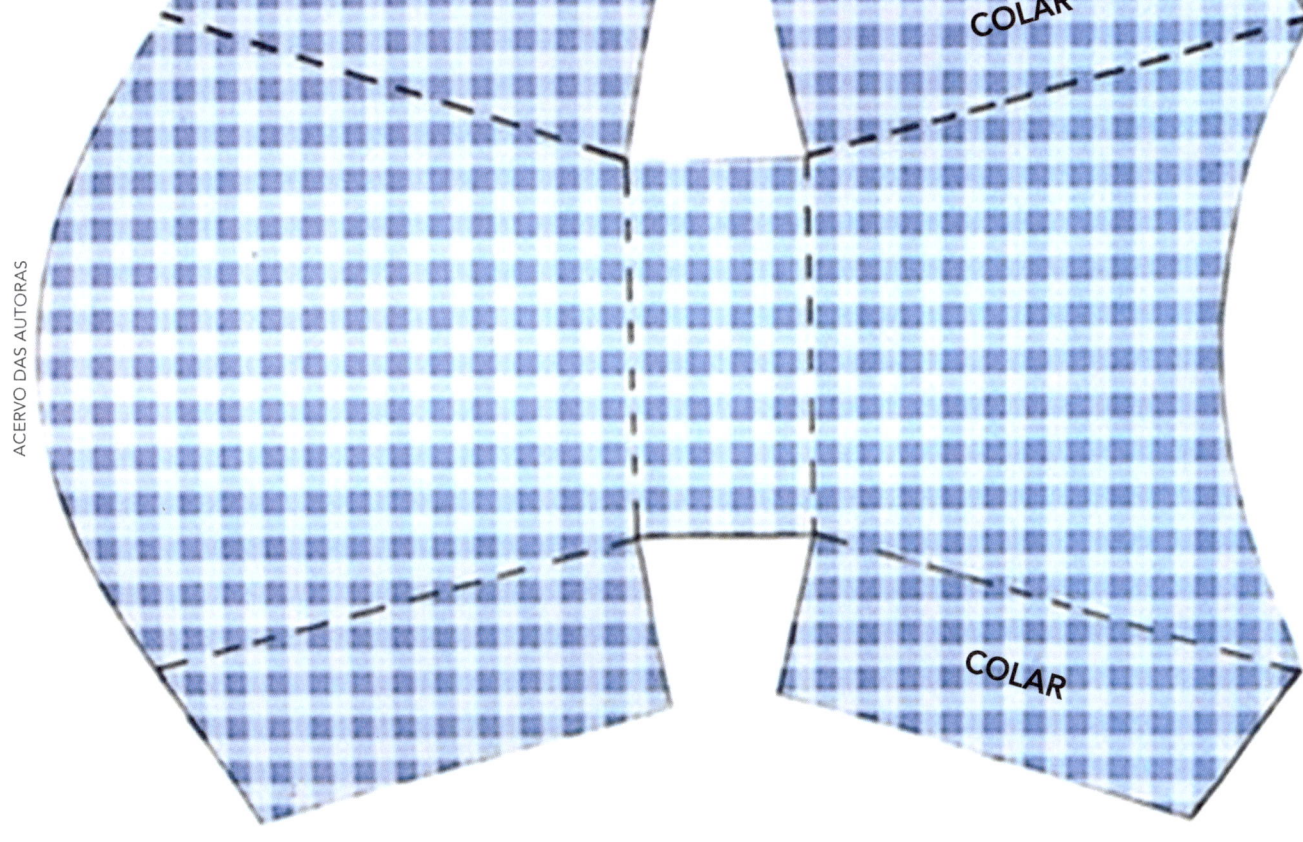

Páscoa

COLAR

COLAR

NOME: _____

Páscoa

Dia dos Povos Indígenas

PARTE 1

O grafismo indígena é uma manifestação cultural dos povos indígenas; é um modo de identificação entre si e com outros povos. As características do grafismo indígena são a simetria e as formas simples, na maioria das vezes, feita por mulheres. Em geral, os desenhos têm relação com a mitologia e a natureza, e os padrões se repetem sequencialmente.

O grafismo indígena é muito usado na pintura corporal, na cerâmica, nos utensílios, nos trajes e nos adornos.

Observe o grafismo usado no acessório dos indígenas do povo Taurepang.

Cordão de embira e pingente em cerâmica com grafismo feito por indígenas da etnia Taurepang, Amajari, Roraima, 2021.

Artesãs e artistas indígenas utilizam matérias-primas diversas, de origem animal ou vegetal, para a confecção de seus artefatos e utensílios.

Pulseiras em miçangas criadas pelos indígenas Kaiapó e pelos povos do Xingu. São Paulo, 2022.

Indígena Kaiapó fazendo grafismo em tecido. São Felix do Xingu, Pará, 2016.

NOME: _____

Dia dos Povos Indígenas

PARTE 2

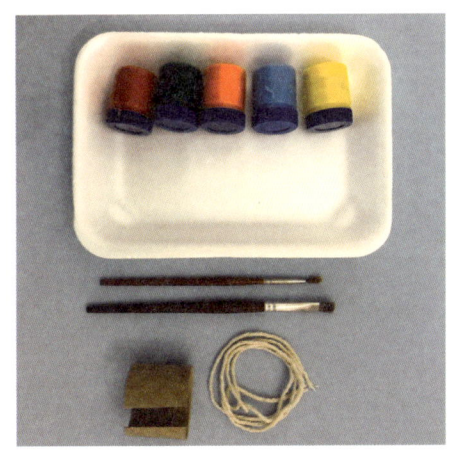

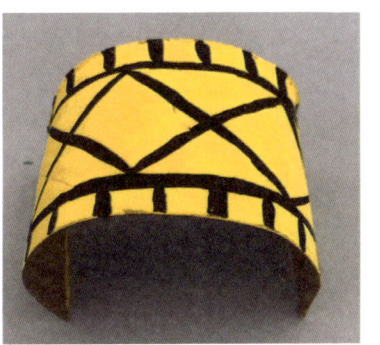

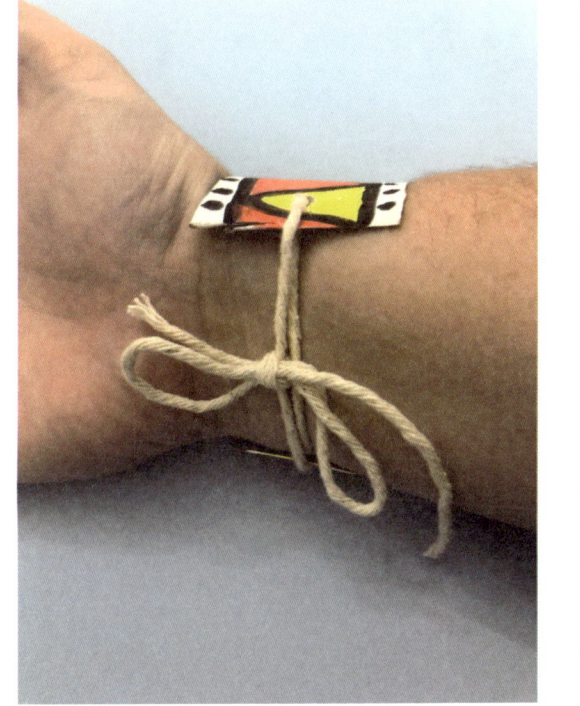

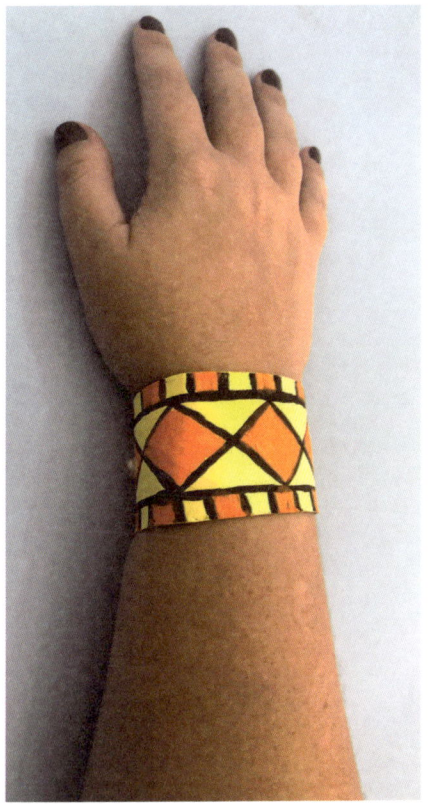

NOME: _____

Dia das Mães

NOME: _____

Dia das Mães

Festas Juninas

COLAR

COLAR

NOME: _____

Festas Juninas

Dia dos Pais

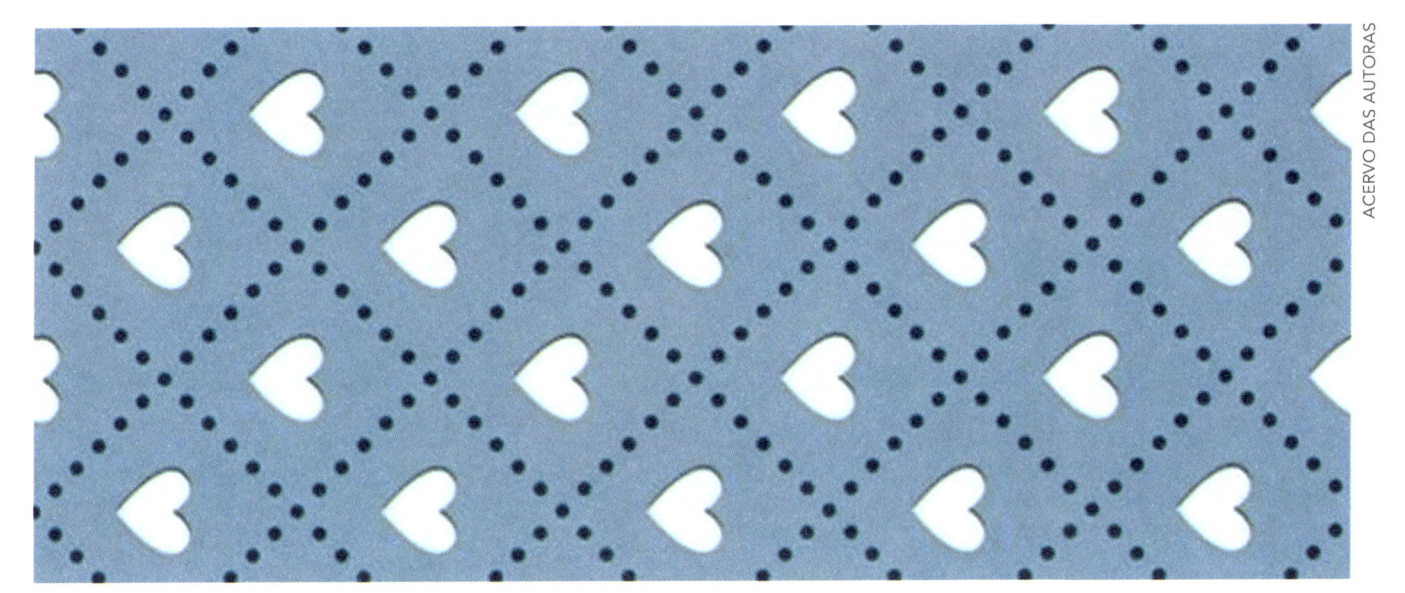

NOME: _____

Dia dos Pais 89

Folclore

NOME: _____

Folclore 90

Primavera

SHUTTERSTOCK

ACERVO DAS AUTORAS

LENASUNAGATOVA/SHUTTERSTOCK

Parte integrante do livro Arte e Habilidade – 2º ano

NOME: _____

Primavera

Dia das Crianças

PARTE 1

NOME: _____

Dia das Crianças

Dia das Crianças

PARTE 2

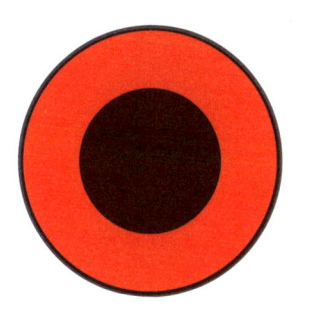

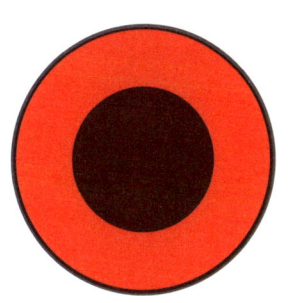

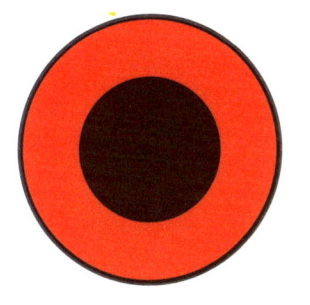

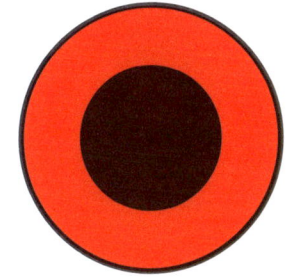

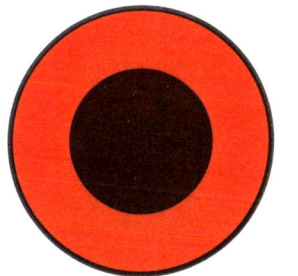

NOME: _____

Dia das Crianças

Natal

Noite Feliz

Noite feliz, noite feliz
Ó senhor, Deus de amor
Pobrezinho nasceu em Belém
Eis na lapa, Jesus, nosso bem

Dorme em paz, ó Jesus
Dorme em paz, ó Jesus

Noite feliz, noite feliz
Eis que, no ar, vem cantar
Aos pastores, os anjos do céu
Anunciando a chegada de Deus

De Jesus, Salvador
De Jesus, Salvador

Noite feliz, noite feliz
Ó senhor, Deus da luz
Quão afável é o Teu coração
Que quiseste nascer nosso irmão

E a nós todos salvar
E a nós todos salvar

Joseph Mohr e Franz Gruber (comp.). *Noite feliz.* Disponível em: https://www.letras.mus.br/natal/509388/. Acesso em: 12 jan. 2023.

NOME: _____

Natal 94

ADESIVOS

Ficha 43

Carnaval

Dia das Mães

Natal